Pia Deges

Meine erste Laterne

Supereinfache Laternen für die Kleinsten

INHALT

Die DigiBib – Vorlagen!
Die Vorlagen zu diesem Buch stehen in deiner Digitalen Bibliothek unter www.topp-kreativ.de/digibib für dich bereit. Den Freischaltcode findest du im Impressum auf Seite 60.

GRUNDLAGEN

Laternenkörper reinigen

Bevor du mit dem Basteln beginnst, solltest du den Grundkörper deiner Laterne (also alle Flaschen, Saftkartons etc.) gründlich mit lauwarmem Wasser und Spülmittel auswaschen, damit sich kein Schimmel bilden kann. Alles gut trocknen lassen.

Laternen bemalen

Die Laternen in diesem Buch werden mit Acrylfarbe angemalt. Sie lässt sich leicht auftragen und trocknet sowohl auf Plastik als auch auf beschichteten Saftkartons. Anstelle von Acrylfarbe kannst du auch Farblackspray benutzen. Gehe dafür jedoch am besten nach draußen und sprühe die Laterne auf einer alten Unterlage an.

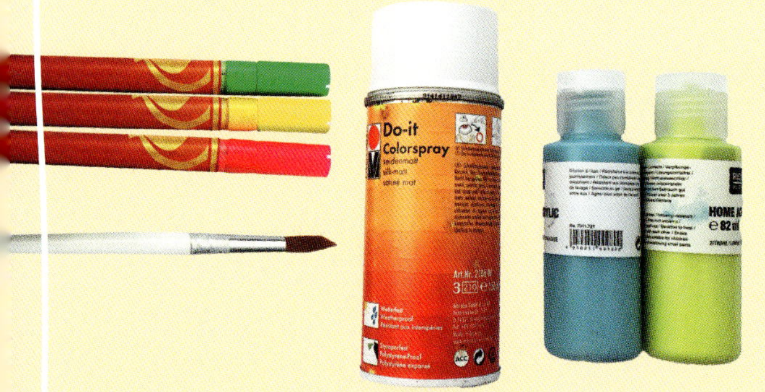

Vorlagen übertragen

Lege ein Transparentpapier auf die Vorlage und pause das Motiv mit einem weichen Bleistift (HB oder B) ab. Drehe es um und lege es mit der bemalten Fläche nach unten auf Fotokarton, Pappteller oder Flasche. Nun ziehst du die durchscheinenden Linien mit einem harten Bleistift (H) nach. Die Linien übertragen sich dadurch auf deine Unterlage.

Augen aus Wattekugeln

1 Male die Pupillen entweder mit einem schwarzen wasserfesten Filzstift auf die Wattekugeln oder fixiere kleine Klebepunkte darauf.

2 Für zusammenstehende Augen klebst du beide Wattekugeln aneinander. Presse die Kugeln dabei fest zusammen, bis der Kleber getrocknet ist.

3 Möchtest du Augen mit Wimpern basteln, schneidest du diese einfach nach Vorlage aus Fotokarton aus und klebst sie auf die Wattekugeln. Wenn du möchtest, kannst du die Augen auch in einem Getränkedeckel aus Plastik einkleben, so halten sie besser im Gesicht.

4 Bei manchen Laternen wird für die Augen das hintere Drittel der Wattekugeln abgeschnitten. Die Augen lassen sich dadurch später flächiger aufkleben. Für das Schneiden eignet sich ein Cutter oder Bastelmesser mit Schneideunterlage am besten. Diesen Part sollte immer ein Erwachsener übernehmen.

Zuschneiden von Laternengrundkörpern

Damit du beim Durchschneiden des Grundkörpers eine gerade Kante bekommst, kannst du als Markierung einen Haushaltsgummi einmal darum herum legen. Anschließend zeichnest du entweder eine Linie entlang des Gummibandes auf oder du schneidest direkt daran entlang.

Krepppapierstreifen schneiden

Lange Krepppapierstreifen kannst du mit einem ganz einfachen Trick schnell und sauber zuschneiden. Rolle es zusammen, miss die benötigte Streifenbreite ab und schneide es an dieser Stelle durch. Dann wickelst du das Papier auf und kürzt den Streifen auf die benötigte Länge.

Mittelstück für Pappteller-Laternen

1 Zeichne mit einem Lineal einen 7 cm breiten Streifen auf einen Fotokarton der Größe A4. Bevor du ihn ausschneidest, zeichnest du rechts und links mit 1 cm Abstand zum Rand jeweils eine Linie auf. Du brauchst je nach Größe der Laterne ca. 2–4 Streifen.

2 Schneide dann den Rand des Streifens beidseitig bis zur Markierung im Abstand von ca. 1 cm ein. Die Einschnitte nach oben falten. Dann den Streifen mit den umgefalteten Abschnitten auf den Laternenrand kleben und die andere Hälfte der Laterne ebenfalls ankleben.

Laternenbügel anbringen

1 Bohre mit einer Prickelnadel vorsichtig zwei Löcher, die sich gegenüberliegen.

2 Fädle die Enden eines Drahtstückes durch die Löcher und verzwirble anschließend die Enden mit dem Drahtbogen oder biege die Enden einfach innen um.

Kleben mit der Heißklebepistole

Das Kleben mit Heißkleber überlässt du am besten einem Erwachsenen. Achtet darauf, eine Low Melt Heißklebepistole zu verwenden, denn PET-Flaschen vertragen keine Hitze.

Alternative Leuchtmittel

Anstelle des LED-Lämpchens kannst du an deinen Laternenstab auch ein Maxi-Knicklicht hängen. Diese Stäbchen sind aus Kunststoff, mit einer Flüssigkeit gefüllt und fangen an zu leuchten, wenn du sie knickst.

Achtung!

Echte Kerzen eignen sich für die Laternen in diesem Buch nicht! Sie werden entweder zu heiß und bringen das Plastik zum Schmelzen oder aber die Laternen haben keinen Boden, an dem du den Kerzenhalter befestigen kannst.

BRUNO BÄRENPIRAT & BERTA BÄRENMÄDCHEN

DU BRAUCHST:

- ★ 2 Pappteller, ø 24 cm
- ★ Fotokarton in Hellbraun, A3
- ★ Fotokarton in Hellblau, Weiß, Schwarz und Beige, A4
- ★ Fotokarton in Rosa, Pink, Lachs, Rot, Grün, Gelb, Lila und Orange, A6
- ★ Seidenpapier in Hellbraun, A3
- ★ dünner, wasserfester Filzstift in Schwarz
- ★ Laternenbügel aus Draht
- ★ Prickelnadel
- ★ Klebestift
- ★ Heißklebepistole
- ★ Cutter mit Schneideunterlage
- ★ ggf. Kreisschneider

VORLAGEN SEITE 58–59

1 Zuerst schneidest du aus jeweils zwei Papptellern mittig einen ø 16 cm Kreis heraus. Am einfachsten funktioniert das mit einem Kreisschneider oder einer passend großen Schüssel, die du auflegst und mit einem Cutter umrundest. Lege zum Schneiden eine Unterlage unter und lass dir dabei von einem Erwachsenen helfen.

2 Schneide die Elemente für deinen Wunsch-Bären nach Vorlage aus Fotokarton aus. Klebe die Einzelteile (Mütze, Blüten, Ohren, Nase und Maul) mit Klebestift zusammen. Zeichne einen Mund mit dem schwarzen Filzstift auf.

3 Dann schneidest du das Seidenpapier in der Größe der beiden Pappteller zurecht. Klebe das Seidenpapier innen mit Klebestift über den Kreisausschnitt.

4 Jetzt klebst du alle Teile mit der Heißklebepistole an den Teller. Lass dir dabei von einem Erwachsenen helfen. Anschließend schneidest du einen 8 cm x 55 cm langen Streifen aus dem braunen Fotokarton zurecht. Schneide in die langen Seiten jeweils mit 1 cm Abstand 1 cm tiefe Einschnitte (siehe Grundlagen S. 9). Die Einschnitte werden nach innen gefaltet und mit der Heißklebepistole rund um den Teller geklebt. Nur oben bleibt eine Öffnung von ca. 15 cm.

5 Den zweiten Teller auf die gleiche Art ankleben. Mit der Prickelnadel rechts und links jeweils ein Loch in den Rand stecken, dann den Laternenbügel durchstecken und die Enden umbiegen.

EMILIA EINHORN

DU BRAUCHST:

- ★ Müslikarton, 19 cm x 31 cm x 5,5 cm
- ★ Transparentpapier in Weiß und Pink, A4
- ★ Fotokarton in Hellblau und Rosa, A5
- ★ Acrylfarbe in Weiß
- ★ Klebepunkte in Schwarz und Gelb, ø 2 cm, je 2x
- ★ Wollreste in Regenbogenfarben
- ★ Blumendraht in Silber, ø 0,65 mm, 15 cm lang
- ★ wasserfester Filzstift in Schwarz
- ★ Prickelnadel
- ★ UHU Bastelkleber
- ★ spitze Schere

VORLAGEN SEITE 48

1 Die Müslipackung vorsichtig auseinandertrennen und flach ausgebreitet hinlegen. Übertrage die Augen und die Nase nach Vorlage auf die Vorderseite und schneide alle Teile aus.

2 Male die Packung auf der unbedruckten Seite weiß an. Falls die Farbe nicht gut deckt, bekommt das Einhorn einfach einen zweiten Anstrich. Dann die Augen mit weißem und die Nase mit pinkfarbenem Transparentpapier hinterkleben. Die schwarzen Klebepunkte als Pupillen und die gelben als Nasenlöcher anbringen. Die Wimpern zeichnest du mit dem Filzstift auf.

3 Klebe die Packung nun wieder zu ihrer ursprünglichen Form zusammen, die weiße Seite zeigt nach außen. Danach aus Fotokarton die Ohren und das Horn nach Vorlage ausschneiden.

4 Jetzt die Wolle farblich sortiert etwa zehn Mal um die Handfläche wickeln, das Knäuel mit einem Extrafaden an einem Ende abbinden und die Schlaufen aufschneiden. Wiederhole diesen Schritt für jede weitere Wollfarbe. Dann klebst du die bunte Mähne nacheinander in die Schachtelinnenseite und lässt die Haare vornüberfallen. Das Horn und die Ohren ebenfalls am Kopf fixieren.

5 Schneide oben in den Kopf des Einhorns mithilfe der spitzen Schere eine 2 cm große Öffnung für das Laternenlicht und stich mit ca. 1,5 cm Abstand davon links und rechts mit der Prickelnadel je ein Loch ein. Das Drahtstück von außen durch die vorgebohrten Löcher stechen und die Enden innen umbiegen.

WICHTEL WILLI & PÜNKTCHEN PILZ

DU BRAUCHST:

FLIEGENPILZ:

- ★ Trinkjoghurtflasche, 100 ml
- ★ Fotokarton in Rot, A6
- ★ Fotokartonrest in Weiß, Rosa, Gelb, Hellgrün, Grün und Orange

WICHTEL:

- ★ Trinkjoghurtflasche, 500 ml
- ★ Seidenpapier in Beige und Hellblau, A5
- ★ Fotokarton in Rot und Weiß, A4
- ★ Fotokarton in Rosa, Gelb, Braun, Hellgrün, Grün, Orange und Blau, A6

FÜR BEIDE:

- ★ wasserfester Filzstift in Schwarz
- ★ Blumendraht in Silber, ø 0,65 mm, 30 cm lang
- ★ Prickelnadel
- ★ Klebestift
- ★ Heißklebepistole

VORLAGEN SEITE 52 & 59

Fliegenpilz

1 Mit der Prickelnadel rechts und links ein Loch in die Flaschenöffnung stechen. Stecke den Blumendraht mit beiden Enden von außen durch die Löcher und biege den Draht nach innen um.

2 Schneide die einzelnen Teile nach Vorlage aus Fotokarton aus. Forme den roten Fotokarton um die Flaschenöffnung zu einem Pilzhut und klebe die überlappenden Enden zusammen. Dann kannst du die weißen Fliegenpilzpunkte aufkleben.

3 Schneide grünen Fotokarton (6 cm x 15 cm) zu zackigem Gras, indem du einfach kleine, schmale Dreiecke in eine der Längsseiten schneidest. Klebe das Gras mit der Heißklebepistole unten um den Pilz. Lass dir dabei von einem Erwachsenen helfen. Zum Schluss kannst du noch kleine Blüten aus Fotokarton ausschneiden und an die Grasspitzen kleben.

Wichtel

1 Schneide aus den Seidenpapieren jeweils einen 8 cm x 24 cm langen Streifen zurecht. Beklebe die obere Hälfte der Flasche mit dem beigefarbenen Seidenpapier und die untere Hälfte mit dem hellblauen.

2 Schneide alle Vorlagen aus Fotokarton aus. Zeichne mit dem schwarzen Filzstift Pupillen auf die Augen. Dann klebst du Bart, Gesichtszüge, Gürtel und Arme mit der Heißklebepistole auf die Flasche. Lass dir dabei von einem Erwachsenen helfen.

3 Klebe nun die Blumen zu einem Strauß zusammen und anschließend dem Wichtel an die Hand. Die andere Hand hält die Gießkanne.

4 Forme den roten Fotokarton für die Mütze zu einem Kegel und klebe die überlappenden Enden so zusammen, dass oben in der Spitze ein kleines Loch (ca. 3-4 mm) bleibt.

5 Jetzt kannst du rechts und links mit der Prickelnadel ein Loch durch die Flaschenöffnung bohren, den Blumendraht mit den Enden durch die Löcher stecken und ihn fest verdrehen.

6 Forme den langen Draht jetzt zu einem Strang und schiebe ihn von unten durch die Zipfelmütze. Die Mütze lässt sich so ganz einfach rauf- und runterschieben.

7 Platziere ein LED-Laternenlicht in der Flasche und schiebe die Zipfelmütze wieder am Draht herunter. Dann formst du das Ende zu einer kleinen Schlaufe, damit du daran deinen Laternenstab befestigen kannst.

SUSI SONNENSCHEIN

DU BRAUCHST:

* 3 Pappteller, ø 25 cm
* Transparentpapier in Weiß, 2x A4
* Krepppapier in Regenbogenfarben
* Klebepunkte in Pink (ø 3 cm), Weiß (ø 2 cm) und Schwarz (ø 8 mm), je 2x
* Acrylfarbe in Gelb
* wasserfester Filzstift in Pink
* Blumendraht in Silber, ø 0,65 mm, 15 cm lang
* Klebestift
* UHU Bastelkleber
* Prickelnadel
* Bürohefter
* spitze Schere

VORLAGEN SEITE 52

1 Als Erstes schneidest du das untere Drittel von zwei Papptellern ab. Dann das Gesicht der Sonne nach Vorlage auf beide Teller übertragen und ausschneiden. Aus dem dritten Teller schneidest du gemäß Vorlage acht Sonnenstrahlen aus.

2 Bemale die Teller und die Strahlen mit gelber Acrylfarbe und lass alles gut trocknen.

3 Nun den Rand des ausgeschnittenen Gesichts auf den Tellerinnenseiten mit Klebestift bestreichen und das zugeschnittene Transparentpapier aufkleben. Achte darauf, dass es schön straff liegt und keine Wellen wirft.

4 Verziere das Gesicht mit den Klebepunkten und dem Filzstift. Dann klebst du die Sonnenstrahlen auf den hinteren Teller und klebst danach beide Hälften zusammen.

5 Schneide das Krepppapier in etwa 2 cm breite Streifen (siehe Grundlagen S. 9) und tackere sie nach Farben sortiert an den unteren Rand des hinteren Tellers.

6 Mit der spitzen Schere oben in die Laternenmitte eine kleine Aussparung für die Beleuchtung hineinschneiden. Links und rechts davon stichst du mit der Prickelnadel je ein Loch in die Laterne und steckst das Drahtstück hindurch. Zum Schluss die Enden des Drahts nach innen umbiegen.

PUSCHEL-PAULA & STACHEL-STEFAN

DU BRAUCHST:

- ★ Trinkjoghurtflasche, 500 ml
- ★ Fotokarton in Braun, 4x A4
- ★ Fotokartonrest in Schwarz und Rosa
- ★ Fotokartonrest in Hellbraun und Dunkelbraun oder Rot und Grün
- ★ Acrylstift in Weiß und Schwarz
- ★ Blumendraht in Silber, ø 0,65 mm, 60 cm lang
- ★ Schaschlikstäbchen, 25 cm lang
- ★ Heißklebepistole
- ★ Prickelnadel

VORLAGEN SEITE 56–57

1 Den Grundkörper und die Arme nach Vorlage zweifach ausschneiden. Wangen, Nase und Einzelteile für Eichel oder Apfel ebenfalls nach Vorlage ausschneiden und gegebenenfalls zusammenkleben.

2 Mit Acrylstiften Augen, Mund und Haare aufmalen. Anschließend Wangen und Nasenspitze aufkleben.

3 Zuerst mit der Prickelnadel rechts und links von der Flaschenöffnung Löcher in die Trinkjoghurtflasche stechen. Dann wird die Flasche mit der Heißklebepistole zwischen die beiden Grundkörper geklebt. Lass dir dabei von einem Erwachsenen helfen.

4 Die Nase vorne ebenfalls mit Heißkleber zusammenkleben. Beim Eichhörnchen wird auch der Schwanz zusammengeklebt, beim Igel die vorderen Stacheln. Die Arme zwischen den Fotokarton-Grundkörper und die Flasche kleben.

5 Den Blumendraht doppelt falten, die Enden von außen durch die Löcher im Flaschenrand stecken und nach innen umbiegen.

6 Das Schaschlikstäbchen halbieren und die Eichel bzw. den Apfel wie eine Laterne ankleben. Das andere Ende dem Tier zwischen die Hände kleben.

DIETER, DER DRACHE

DU BRAUCHST:

- ★ Weichspülmittelflasche, 1 l
- ★ Fotokarton in Grün, Hellgrün, Gelb, Rosa und Rot
- ★ Acrylfarbe in Hellgrün
- ★ wasserfester Filzstift in Schwarz
- ★ Blumendraht in Silber, ø 0,65 mm, 15 cm lang
- ★ Wattekugel, ø 2,5 cm und ø 3 cm
- ★ Klebestift
- ★ UHU Bastelkleber
- ★ Prickelnadel

VORLAGEN SEITE 50

1 Male die Falsche hellgrün an. Gut trocknen lassen und eventuell noch eine weitere Schicht Farbe auftragen.

2 Schneide alle Drachenteile nach Vorlage aus Fotokarton aus. Die Feuerstreifen am schmalen Ende zusammenkleben. Dann die Nase, das Feuer und die Füße mit Klebestift auf der Flaschenvorderseite fixieren. Die Flügel und die Ohren klebst du auf die Hinterseite.

3 Die Wattekugeln zuerst aneinanderkleben und danach mit Bastelkleber direkt über der Nase befestigen. Mit dem schwarzen Filzstift die Nasenlöcher und die Pupillen aufzeichnen.

4 Stich links und rechts seitlich in die Flaschenöffnung mit der Prickelnadel zwei Löcher ein. Fädle das Drahtstück mit den Enden von außen durch die Lochöffnungen und biege sie nach innen um.

LARA LANGSAM & NINA NIMMERSATT

DU BRAUCHST:

- ★ 2 Pappteller, ø 17,5 cm
- ★ Seidenpapier in Beige oder Hellgrün, A4
- ★ Fotokarton in Hellrosa oder Grün und Dunkelgrün, A4
- ★ Fotokarton in Rosa, Beige, Rot und Hellgrün, A5
- ★ Acrylfarbe in Beige oder Hellgrün
- ★ Acrylstift in Rot, Schwarz und Weiß
- ★ Laternenbügel aus Draht
- ★ Klebestift
- ★ Heißklebepistole
- ★ Cutter mit Schneideunterlage
- ★ ggf. Kreisschneider
- ★ Prickelnadel

VORLAGEN SEITE 46–47

1 Schneide in beide Tellerhälften einen 11 cm großen Kreis. Am einfachsten funktioniert das mit einem Kreisschneider oder einer passend großen Schüssel, die du auflegst und mit einem Cutter umrundest. Lass dir dabei von einem Erwachsenen helfen.

2 Anschließend bemalst du die Teller mit Acrylfarbe und lässt sie gut trocknen.

3 Schneide zwei Kreise aus Seidenpapier in der vollen Tellergröße aus. Klebe das Seidenpapier innen mit Klebestift über den Kreisausschnitt.

4 Schneide alle Elemente deiner Laterne nach Vorlage aus Fotokarton aus und klebe sie passend zusammen. Zeichne mit Acrylstiften Mund und Augen auf.

5 Dann kannst du das Vorder- und Hinterteil mit der Heißklebepistole innen in den Teller kleben. Lass dir dabei von einem Erwachsenen helfen. Schneide einen etwa 8 cm breiten Streifen vom Rand des zweiten Tellers ab und klebe ihn dann mit dem Ausschnitt nach oben zeigend an den Tier-Teller.

6 Jetzt kannst du rechts und links von der Öffnung mit der Prickelnadel je ein Loch durch den Tellerrand bohren, den Laternenbügel durchstecken und die Enden umbiegen.
Das Licht deiner Laterne steckst du durch den Ausschnitt im Tellerrand.

SIGGI, DER SUPERHELD

DU BRAUCHST:

- PET-Flasche, kugelförmig, 1 l
- Fotokarton in Gelb, Rot und Schwarz, 10 cm x 15 cm
- Acrylfarbe in Rosa, Rot, Gelb, Blau, Weiß und Schwarz
- Klebepunkte in Schwarz, ø 2 cm und ø 8 mm, je 2x
- Blumendraht in Silber, ø 0,65 mm, 15 cm lang
- UHU Bastelkleber
- Prickelnadel
- Bleistift

VORLAGEN SEITE 53

1 Male die Flasche zuerst komplett mit weißer Farbe an und lass sie gut trocknen. Dann zeichnest du die Konturen mit Bleistift auf und beginnst damit, den Kopf, das blaue Shirt und die rote Hose aufzumalen. Die Augen mit weißer Farbe aufmalen und alles noch einmal gut trocknen lassen.

2 Klebe für die Augen zwei Klebepunkte (ø 2 cm) auf. Dann malst du die Haare, den Gürtel, die Beine und zum Schluss die Maske auf. Pinsle dabei über die Klebepunkte. Lass alles gut trocknen.

3 Ziehe die Augen nach dem Trocknen wieder ab und fixiere die kleinen Klebepunkte als Pupillen.

4 Schneide alle Teile nach Vorlage aus, klebe das Superhelden-Logo zusammen und klebe es anschließend auf der Flasche fest.

5 Mit der Prickelnadel links und rechts in den Flaschenkopf Löcher bohren. Das Drahtstück durch die Löcher fädeln und die Enden innen nach oben umbiegen.

OLLI & OLIVIA OKTOPUS

DU BRAUCHST:

* PET-Wasserflasche, kugelförmig, 1 l
* Krepppapier in Hellgrün oder Rosa, 50 cm x 200 cm
* Fotokarton in Schwarz und Weiß
* 2 Klebepunkte in Schwarz, ø 8 mm
* Blumendraht in Silber, ø 0,65 mm, 15 cm lang
* Klebestift
* UHU Bastelkleber
* Prickelnadel
* spitze Schere

VORLAGEN SEITE 50

1 Schneide als Erstes mit der spitzen Schere den Boden und den Drehverschluss von der Flasche ab.

2 Aus Krepppapier etwa 2 cm breite Streifen zu- und im Abstand von 5 mm einschneiden (siehe Grundlagen S. 9).

3 Klebe die Krepppapierstücke mit Klebestift der Reihe nach um die Flasche. Beginne am unteren Rand und arbeite dich Stück für Stück zum Flaschenkopf vor.

4 Nun die Augen und die Wimpern aus Fotokarton nach Vorlage ausschneiden und auf den Oktopus kleben. Anschließend bringst du die Klebepunkte als Pupillen an.

5 Für ein Tentakel vom aufgerollten Krepppapier 3 cm breite Stücke abschneiden, ausrollen und auf eine Länge von 50 cm kürzen. Dann schneidest du den Tentakel an den langen Seiten etwa mit 1-2 cm Abstand 1 cm tief ein. Fertige sieben weitere Tentakel an und klebe sie am unteren Rand der Flasche innen fest.

6 Stich mit der Prickelnadel rechts und links je ein Loch neben die Flaschenöffnung. Fädle das Drahtstück hindurch und biege zum Schluss die Enden nach innen um.

DIE DREI DINOFREUNDE

DU BRAUCHST:

- 2 Pappteller, ø 24 cm
- Fotokarton in Rotbraun und Braun oder Blaugrün und Petrol oder Hellgrün, A2
- Fotokarton in Weiß, Rosa und Schwarz, A4
- Fotokarton in Dunkelgrün (nur für den grünen Dino), A4
- Acrylfarbe in Rotbraun, Blaugrün oder Salbei
- Seidenpapier in Hellbraun, Blaugrün oder Salbei, A3
- Acrylstift in Weiß
- Laternenbügel aus Draht
- Klebestift
- Heißklebepistole
- Cutter mit Schneideunterlage
- ggf. Kreisschneider
- Prickelnadel

VORLAGEN SEITE 50–51, 53 & 55

1 Zuerst schneidest du aus jeweils zwei Papptellern mittig einen ø 16 cm Kreis heraus. Am einfachsten funktioniert das mit einem Kreisschneider oder einer passend großen Schüssel, die du auflegst und mit einem Cutter umrundest. Lass dir dabei von einem Erwachsenen helfen.

2 Bemale anschließend die Pappteller mit Acrylfarbe und lass sie trocknen.

3 Schneide die Elemente für deinen Wunsch-Dinosaurier nach Vorlage aus Fotokarton aus. Klebe Schuppen- und Augenteile mit dem Klebestift zusammen. Zeichne einen Mund auf und klebe Zähne, Nase und Wangen an.

4 Schneide das Seidenpapier in der Größe der beiden Pappteller zurecht. Klebe das Seidenpapier innen mit Klebestift über den Kreisausschnitt.

5 Klebe Kopf, Schuppen und Schwanz innen mit der Heißklebepistole an den Teller. Lass dir dabei von einem Erwachsenen helfen. Achtung: Beim blauen Dinosaurier wird der Kopf außen auf den Pappteller geklebt.

6 Schneide einen 45 cm x 7 cm langen Streifen aus dem farblich passenden Fotokarton zurecht. An den langen Seiten jeweils mit 1 cm Abstand 1 cm tiefe Einschnitte mit einer Schere machen (siehe Grundlagen S. 9). Die Einschnitte nach innen falten und mit der Heißklebepistole rund um den Teller kleben. Nur oben bleibt eine Öffnung von etwa 15 cm.

7 Den zweiten Teller auf die gleiche Art ankleben. Mit der Prickelnadel links und rechts ein Loch in den Rand stechen, dann den Laternenbügel durchstecken und die Drahtenden nach innen umbiegen.

RUDI ROBOTER

DU BRAUCHST:

- Müslikarton, 19 cm x 31 cm x 5,5 cm
- 4 Trinkjoghurtflaschen, 100 ml
- Transparentpapier in Blau, A4
- Fotokartonrest in Gelb, Rosa und Weiß
- Acrylfarbe in Silber, Blau und Hellgrün
- 2 Klebepunkte in Schwarz, ø 12 mm
- Wattekugel, ø 3 cm
- Blumendraht in Silber, ø 0,65 mm, 20 cm lang
- Papierstrohhalm
- Klebestift
- Heißklebepistole
- spitze Schere
- Prickelnadel

VORLAGEN SEITE 47

1 Nimm den Müslikarton zunächst an allen Klebenähten auseinander und übertrage auf eine der beiden großen Flächen nach Vorlage das Gesicht und den Bauch. Die Teile mit der spitzen Schere ausschneiden.

2 Male die unbedruckte Kartonseite mit der silberfarbenen Acrylfarbe an. Dann die Trinkjoghurtflaschen blau und die Wattekugel grün bemalen. Alles gut trocknen lassen.

3 Schneide das Transparentpapier etwas größer als Bauch und Gesicht zu. Dann das Gesicht und den Bauch mit Klebestift auf der unbemalten Seite des Kartons umfahren und das Papier straff aufkleben.

4 Die restlichen Vorlagen auf den entsprechenden Fotokarton übertragen, ausschneiden und mit Klebestift auf die Vorderseite des Transparentpapiers kleben. Die Klebepunkte als Pupillen aufkleben.

5 Falte den Karton wieder in seine ursprüngliche Form zurück, sodass die silberfarbene Seite nun außen ist. An den entsprechenden Stellen zusammenkleben.

6 In die Oberseite mit der spitzen Schere ein ausreichend großes Loch für das Laternenlicht schneiden. Rechts und links davon stichst du mit der Prickelnadel zwei Löcher in die Laterne ein und fädelst das Drahtstück von außen durch. Die Enden nach innen umbiegen.

7 Den Strohhalm halbieren und die Kugel aufstecken. Dann mit der spitzen Schere mittig ein Loch in den Kopf stechen und den Strohhalm mit etwas Kleber hineinstecken.

8 Zum Schluss die Trinkflaschen als Arme und Beine mit der Heißklebepistole ankleben. Lass dir dabei von einem Erwachsenen helfen.

KLAUS, DER KOALA

DU BRAUCHST:

- Plastikflasche, 1 l
- Acrylfarbe in Hellgrau, Beige und Rosa
- Fotokarton in Hellgrau, Grau, Schwarz und Beige, A4
- wasserfester Filzstift in Schwarz
- Blumendraht in Silber, ø 0,65 mm, ca. 20 cm lang
- Klebestift
- UHU Bastelkleber
- spitze Schere
- Prickelnadel
- Eukalyptuszweig

VORLAGEN SEITE 46

1 Schneide mit der spitzen Schere den Flaschenhals ab. Mit der Prickelnadel stichst du jeweils mit 1 cm Abstand zum Rand ein Loch links und rechts von der Öffnung.

2 Bemale dann die Flasche mit grauer Acrylfarbe und lass sie trocknen.

3 In der Zwischenzeit kannst du mithilfe der Vorlagen Ohren, Gesicht, Arme und Füße aus Fotokarton ausschneiden.

4 Male den Bauch des Koalas mit beigefarbener und seine Wangen mit rosafarbener Acrylfarbe auf und lass alles trocknen.

5 Anschließend klebst du mit Klebestift die zueinander gehörenden Teile zusammen. Mithilfe des schwarzen Filzstifts zeichnest du den Mund. Befestige dann alle Fotokartonteile mit Bastelkleber an der Flasche. Klebe den kleinen Eukalyptuszweig schräg an einen der Arme des Koalas.

6 Fädle das Drahtstück von außen durch die vorgebohrten Löcher und biege die Enden nach innen um. Verzwirble den Draht mittig, sodass man die Laterne an einen Laternenstab hängen kann.

TIPP

Wenn du möchtest, kannst du mit der Prickelnadel ein Lochmuster in den Bauch des Koalas stechen. Dann leuchtet die Laterne intensiver.

MEERJUNGFRAU MARINA & SEEPFERDCHEN STELLA

DU BRAUCHST:

MEERJUNGFRAU:

- ★ PET-Flasche, 1 l
- ★ Seidenpapier in Beige, A4
- ★ Glitzerkarton in Blau, A4
- ★ Fotokarton in Hellrosa und Hellblau, A5
- ★ Fotokarton in Rosa, A5
- ★ Wolle in Beige, ca. 1 m

SEEPFERDCHEN:

- ★ Trinkjoghurtflasche, 100 ml
- ★ Seidenpapier in Hellblau, A5
- ★ Fotokarton in Hellrosa und Hellblau, A5
- ★ Fotokartonrest in Lila und Helllila
- ★ Glitzerkarton in Blau, A4

FÜR BEIDE:

- ★ Buntstifte in Rosa und Schwarz
- ★ Acrylstifte in Weiß und Schwarz
- ★ Blumendraht in Silber, ø 0,65 mm, 60 cm lang
- ★ Heißklebepistole
- ★ Cutter mit Schneideunterlage
- ★ Prickelnadel

VORLAGEN SEITE 48–49, 54 & 56

Meerjungfrau

1 Zuerst den Boden der Flasche mit einem Cutter abschneiden. Anschließend klebst du mit Klebestift ringsum Seidenpapier auf.

2 Aus Glitzerkarton schneidest du nach Vorlage Schwanz und Deko-Elemente aus. Kopf, Arme und Wangen werden nach Vorlage aus Fotokarton ausgeschnitten.

3 Für die Haare 20 Wollfäden von je 40 cm zurechtschneiden, zusammenlegen und mit einem Wollfaden in der Mitte zusammenbinden. Dann kannst du die Haare mit der Heißklebepistole an den Kopf kleben. Lass dir dabei von einem Erwachsenen helfen.

4 Zeichne Augen, Nase und Mund mit Buntstiften auf das Gesicht und klebe die Wangen auf. Anschließend kannst du den Kopf um die Flaschenöffnung kleben. Dann den Schwanz und die restlichen Deko-Elemente anbringen.

5 Mit der Prickelnadel rechts und links von der Öffnung Löcher in die Flasche stechen. Falte den Blumendraht doppelt, stecke die Enden von außen durch die Löcher im Flaschenrand und biege den Draht nach innen um.

Seepferdchen

1 Beklebe die Flasche mit Seidenpapier. Mit der Prickelnadel rechts und links von der Öffnung Löcher in die Flasche stechen. Falte den Blumendraht doppelt, stecke dann die Enden von außen durch die Löcher im Flaschenrand und biege den Draht nach innen um.

2 Schneide den Kopf und die Sterne nach Vorlage aus Fotokarton und die Flossen und den Schwanz aus Glitzerkarton aus.

3 Zeichne mit dem schwarzen Acrylstift ein Auge auf, umrande den Kopf mit dem weißen Acrylstift und klebe die Sterne auf.

4 Dann kannst du Schwanz, Flosse und Kopf mit der Heißklebepistole an die Laterne kleben. Lass dir dabei von einem Erwachsenen helfen.

GUSTAV GEIST

DU BRAUCHST:

- ★ kleiner Plastikeimer, z. B. von Cocktailtomaten
- ★ Fotokartonrest in Schwarz
- ★ Acrylfarbe in Weiß
- ★ 2 Wattekugeln, ø 2,5 cm
- ★ Gardinenstoff in Weiß, 100 cm x 70 cm
- ★ Blumendraht in Silber, ø 0,65 mm, 25 cm lang
- ★ wasserfester Filzstift in Schwarz
- ★ UHU Bastelkleber
- ★ Cutter mit Schneideunterlage
- ★ spitze Schere
- ★ Prickelnadel

VORLAGEN SEITE 50

1 Male den Eimer außen mit weißer Acrylfarbe an und lass ihn gut trocknen.

2 Von den Wattekugeln mit dem Cutter jeweils ein Drittel abschneiden und mit dem Filzstift die Pupillen aufmalen. Lass dir beim Schneiden von einem Erwachsenen helfen.

3 Schneide den Mund aus schwarzem Fotokarton nach Vorlage aus.

4 Mit der spitzen Schere schneidest du mittig ein ausreichend großes Loch für die Beleuchtung in den Boden des Eimers. Stich rechts und links davon mit etwa 1 cm Abstand zum Rand mit der Prickelnadel zwei Löcher hinein.

5 Den Eimer dünn mit Kleber bestreichen und den Stoff darüberlegen. Dabei die langen Stoffseiten vorne und hinten überhängen lassen. Klebe die Augen dicht nebeneinander vorne mittig auf den Eimer und den Mund darunter.

6 Zum Schluss die Enden des Drahtstücks von außen durch die Löcher fädeln und innen umbiegen.

HOCH HINAUS!

DU BRAUCHST:

- ★ Luftballon
- ★ Pappschachtel, 10 cm x 10 cm
- ★ Seidenpapier in Weiß, 4x 50 cm x 70 cm
- ★ Seidenpapier in Hellblau, A4
- ★ Fotokartonreste in verschiedenen Farben
- ★ 4 Schaschlikstäbchen, 25 cm lang
- ★ 8 Holzperlen, ø 10 mm
- ★ Schnur, ø ca. 2 mm, 40 cm lang
- ★ Laternenbügel aus Draht
- ★ Kuscheltier
- ★ ggf. Haushaltsgummi
- ★ Klebestift
- ★ Heißklebepistole
- ★ Kleister

VORLAGEN SEITE 57

1 Kleister nach Herstellerangaben anrühren. Luftballon aufpusten, verknoten und in eine Schale legen. Ringsherum (auch den Knoten) mit Stücken aus weißem Seidenpapier einkleistern. Am besten schneidest du dir vorher ca. 6 cm x 10 cm große Stücke zurecht.

2 Dein Ballon braucht mindestens 4-5 Schichten, damit er stabil genug wird. Lass ihn anschließend gründlich durchtrocknen.

3 Schneide oben ein ca. 10 cm großes Loch in den Ballon und stich mit der Prickelnadel rechts und links mit etwa 2 cm Abstand zum Rand Löcher für den Laternenbügel hinein.

4 Schneide nach Vorlage sechs Streifen aus blauem Seidenpapier zurecht und klebe sie mit Klebestift auf den Ballon.

5 Dann klebst du mit der Heißklebepistole jeweils eine Holzperle an die Spitze und an das Ende der vier Schaschlikstäbchen. Klebe die Schaschlikstäbchen anschließend in die Ecken der Pappschachtel. Dann klebst du den Ballon zwischen die Schaschlikstäbchen. Lass dir beim Kleben mit der Heißklebepistole von einem Erwachsenen helfen.

6 Aus Fotokartonresten kannst du bunte Wimpel ausschneiden, zusammenfalten und mit Klebestift um die Schnur kleben. Die fertige Wimpelkette wird mit der Heißklebepistole an den Ballon geklebt. Jetzt nur noch den Laternenbügel durch die vorgebohrten Löcher stecken und dein Lieblingskuscheltier in den Ballonkorb setzen.

TIPP

Damit dein Kuscheltier beim Laternenumzug nicht verloren geht, befestigt du es am besten mit einem Haushaltsgummi an einem der Schaschlikstäbchen.

FREDDI FLATTER

DU BRAUCHST:

- ★ Saftkarton, 1,5 l
- ★ Fotokarton in Schwarz, A4
- ★ Fotokarton in Weiß, 10 cm x 10 cm
- ★ Transparentpapier in Weiß und Lila, A5
- ★ Acrylfarbe in Schwarz
- ★ 2 Klebepunkte in Pink, ø 2 cm
- ★ Klebepunkt in Schwarz, ø 8 mm und ø 15 mm
- ★ Blumendraht in Silber, ø 0,65 mm, 15 cm lang
- ★ Klebestift
- ★ spitze Schere
- ★ Prickelnadel

VORLAGEN SEITE 53

1 Als Erstes entfernst du mit der spitzen Schere die Kartonseite mit dem Verschluss. Drehe den Karton dann um und schneide ein etwa 3 cm großes Loch in die neue Oberseite. Mit der Prickelnadel stichst du anschließend rechts und links ca. 1 cm von der Öffnung entfernt ein Loch.

2 Die Augen und den Bauch nach Vorlage auf den Saftkarton übertragen und die Teile herausschneiden. Dann kannst du die Fledermaus schwarz anmalen. Gut trocknen lassen.

3 Hinterklebe die aus dem Saftkarton herausgeschnittenen Körperteile mit Transparentpapier, die Augen mit weißem Papier und den Bauch mit lilafarbenem. Dafür mit dem Klebestift die Ränder innen umfahren, das grob zugeschnittene Transparentpapier aufkleben und überstehende Reste wegschneiden.

4 Schneide die Zähne, die Ohren und die Flügel nach Vorlage aus dem schwarzen Fotokarton aus. Knicke die Ohren an der Markierung um und klebe sie oben auf den Kopf. Die Flügel befestigst du an der Rückseite. Die Zähne mit Klebestift zwischen die Augen und den Bauch kleben. Anschließend bringst du die pinkfarbenen Klebepunkte als Bäckchen daneben an.

5 Zuletzt das Drahtstück durch die vorgebohrten Löcher stecken und die Enden innen umbiegen.

PITSCH-PATSCH PINGUIN

DU BRAUCHST:

- ★ PET-Flasche, 1,5 l
- ★ Eierkarton
- ★ Fotokarton in Schwarz, A4
- ★ Fotokarton in Orange, A5
- ★ Acrylfarbe in Schwarz, Weiß und Orange
- ★ 2 Wattekugeln, ø 2,5 cm
- ★ 2 Klebepunkte in Schwarz, ø 8 mm
- ★ Bastelfilz in Blau, 10 cm x 30 cm
- ★ Blumendraht in Silber, ø 0,65 mm, 15 cm lang
- ★ UHU Bastelkleber
- ★ Cutter mit Schneideunterlage
- ★ Prickelnadel

VORLAGEN SEITE 49

1 Male zuerst die Flasche mit weißer und schwarzer Acrylfarbe an. Orientiere dich dafür am Foto. Die Farbe gut trocknen lassen.

2 Bitte einen Erwachsenen, mit dem Cutter einen Zapfen aus dem Eierkarton für den Schnabel herauszuschneiden und male ihn anschließend orange an. Nach dem Trocknen der Farbe den Schnabel aufkleben.

3 Übertrage die Vorlagen für Flügel und Füße auf Fotokarton und schneide alle Teile aus. Klebe sie an den Pinguinkörper. Nun die Wattekugeln als Augen befestigen und für die Pupillen die Klebepunkte aufkleben.

4 Schneide zwei 5 cm x 30 cm lange Filzstreifen zurecht und klebe sie an den Enden zusammen, sodass ein langer Schal entsteht. Knote ihn um den Pinguinhals.

5 Zum Schluss mit der Prickelnadel rechts und links von der Flaschenöffnung je ein Loch einstechen. Das Drahtstück durch die Löcher stecken und die Enden innen umbiegen.

MIA & MAX MONSTERSTARK

DU BRAUCHST:

- ★ Packpapiertüte, 18 cm x 23 cm
- ★ Seidenpapier in Rosa und Rot oder Hellblau und Blau, A4
- ★ Fotokarton in Weiß und Rosa oder Hellblau, A4
- ★ Fotokarton in Schwarz, A6
- ★ Fotokarton in Rot oder Blau, A1
- ★ Klebestift

VORLAGEN SEITE 51, 53–54

1 Übertrage Kopf und Bauch nach Vorlage auf die Packpapiertüte und schneide sie aus.

2 Jetzt klebst du von innen mit Klebestift ein passendes Stück Seidenpapier darüber. Überstehende Reste kannst du einfach abschneiden.

3 Augen, Pupillen, Mund, Hörner, Hände und Füße werden nach Vorlage aus Fotokarton ausgeschnitten und mit Klebestift aufgeklebt. Für das Ringelshirt schneidest du vier je 1 cm x 19 cm lange Streifen aus weißem Fotokarton zurecht und klebst sie auf den Monsterbauch.

4 Schneide insgesamt acht Streifen Fotokarton (2,5 cm x 60 cm) für Beine und Arme zurecht. Pro Arm bzw. Bein brauchst du zwei Streifen. Lege die Streifenanfänge so übereinander, dass ein L entsteht und klebe sie zusammen. Falte dann eine Hexentreppe, indem du immer den unteren Streifen senkrecht über den oberen Streifen knickst. Klebe die Enden ebenfalls zusammen.

5 Jetzt noch Füße und Hände an die Hexentreppen kleben und diese dann als Arme und Beine an das Monster kleben.

VORLAGEN

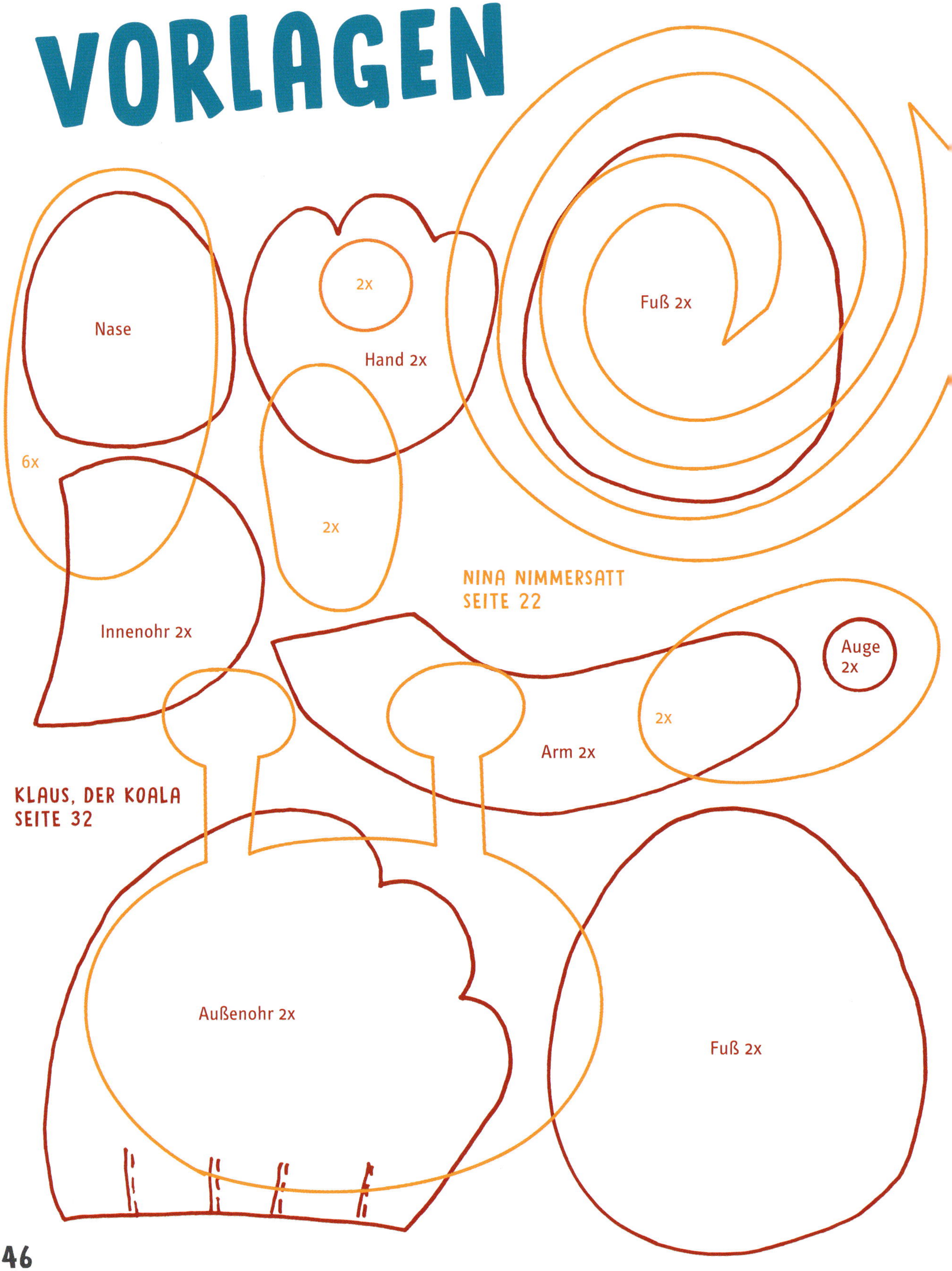
Nase
6x
2x
Hand 2x
2x
Fuß 2x
Innenohr 2x
NINA NIMMERSATT
SEITE 22
Auge
2x
2x
Arm 2x
KLAUS, DER KOALA
SEITE 32
Außenohr 2x
Fuß 2x

RUDI ROBOTER
SEITE 30
2x
2x
Backen 2x
LARA LANGSAM
SEITE 22
2x
Augen 2x

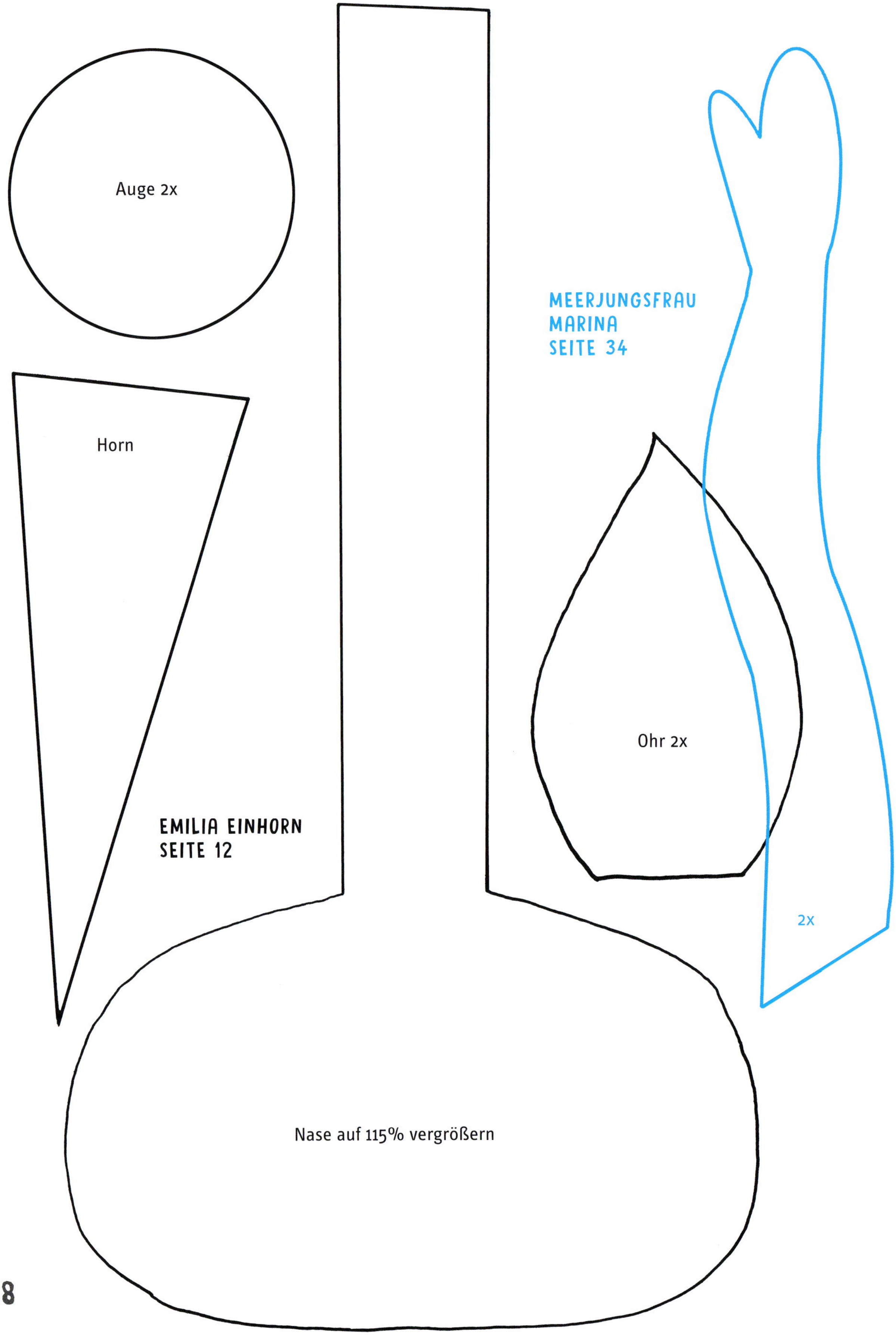
Auge 2x
Horn
EMILIA EINHORN
SEITE 12
Nase auf 115% vergrößern
Ohr 2x
MEERJUNGSFRAU
MARINA
SEITE 34
2x

PITSCH-PATSCH PINGUIN
SEITE 42

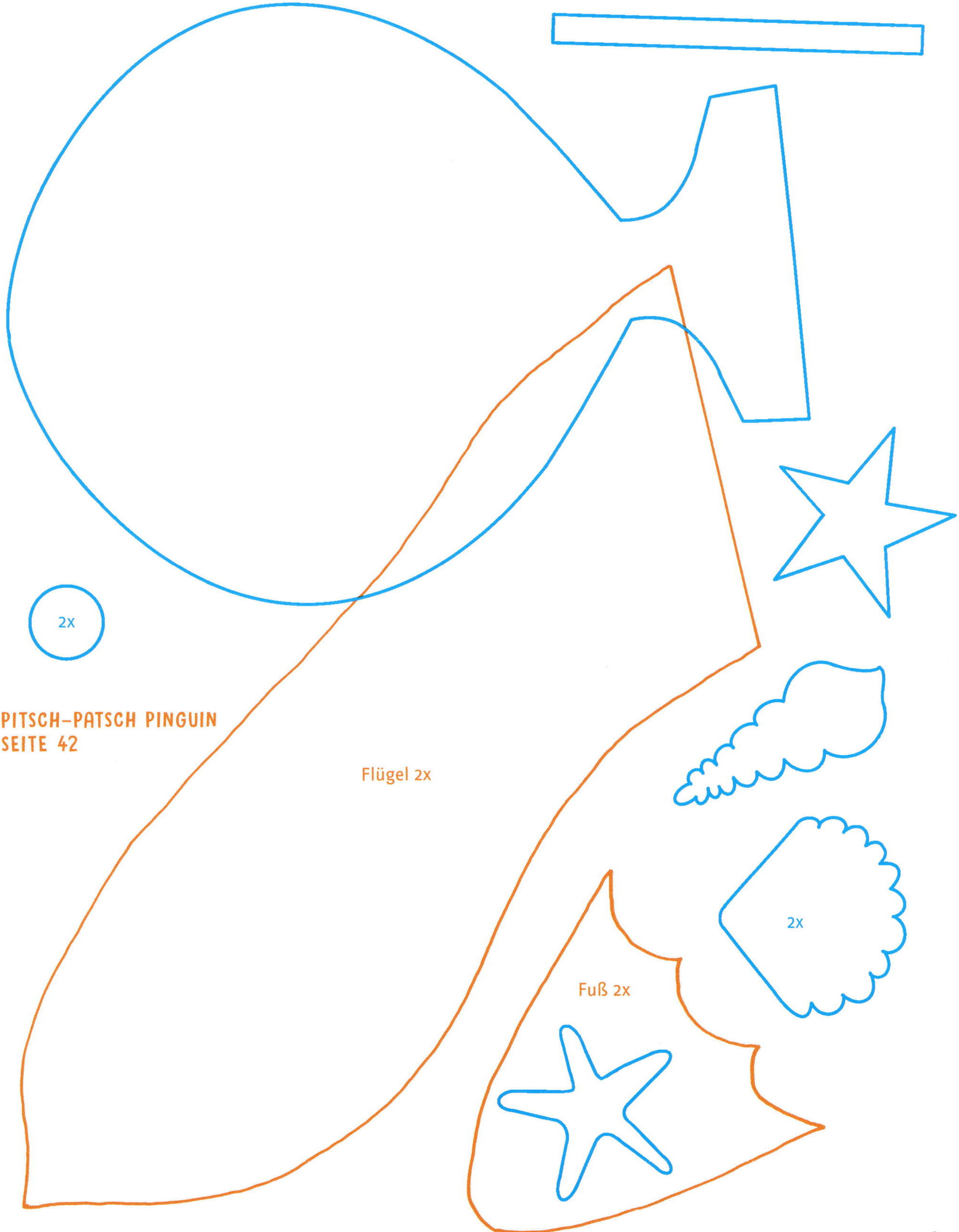

DIETER, DER DRACHE
SEITE 20

GUSTAV GEIST
SEITE 36

DIE DREI DINOFREUNDE
(ALLE DREI DINOS)
SEITE 28

OLLI UND
OLIVIA OKTOPUS
SEITE 26

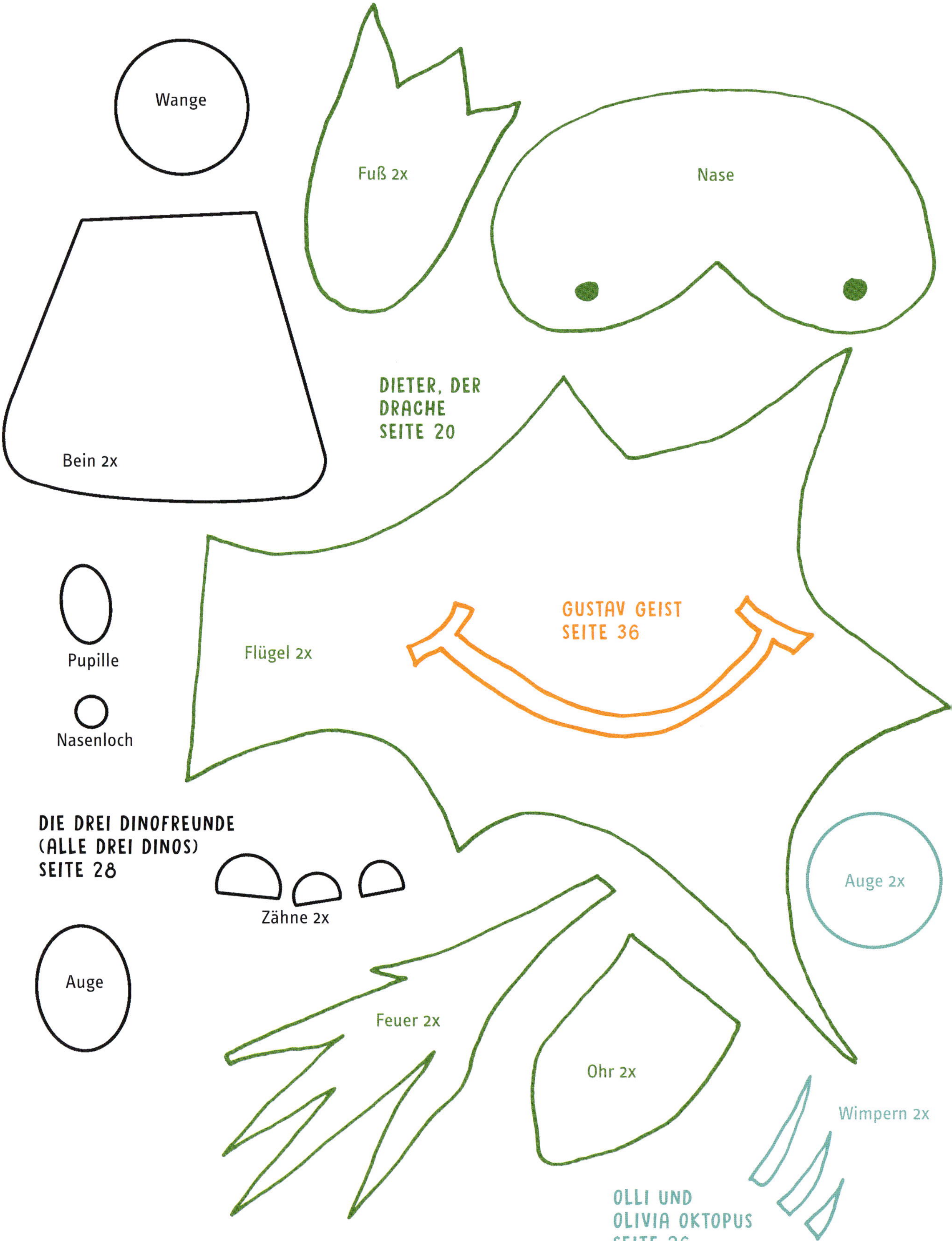

DIE DREI DINOFREUNDE
(GRÜNER DINO)
SEITE 28

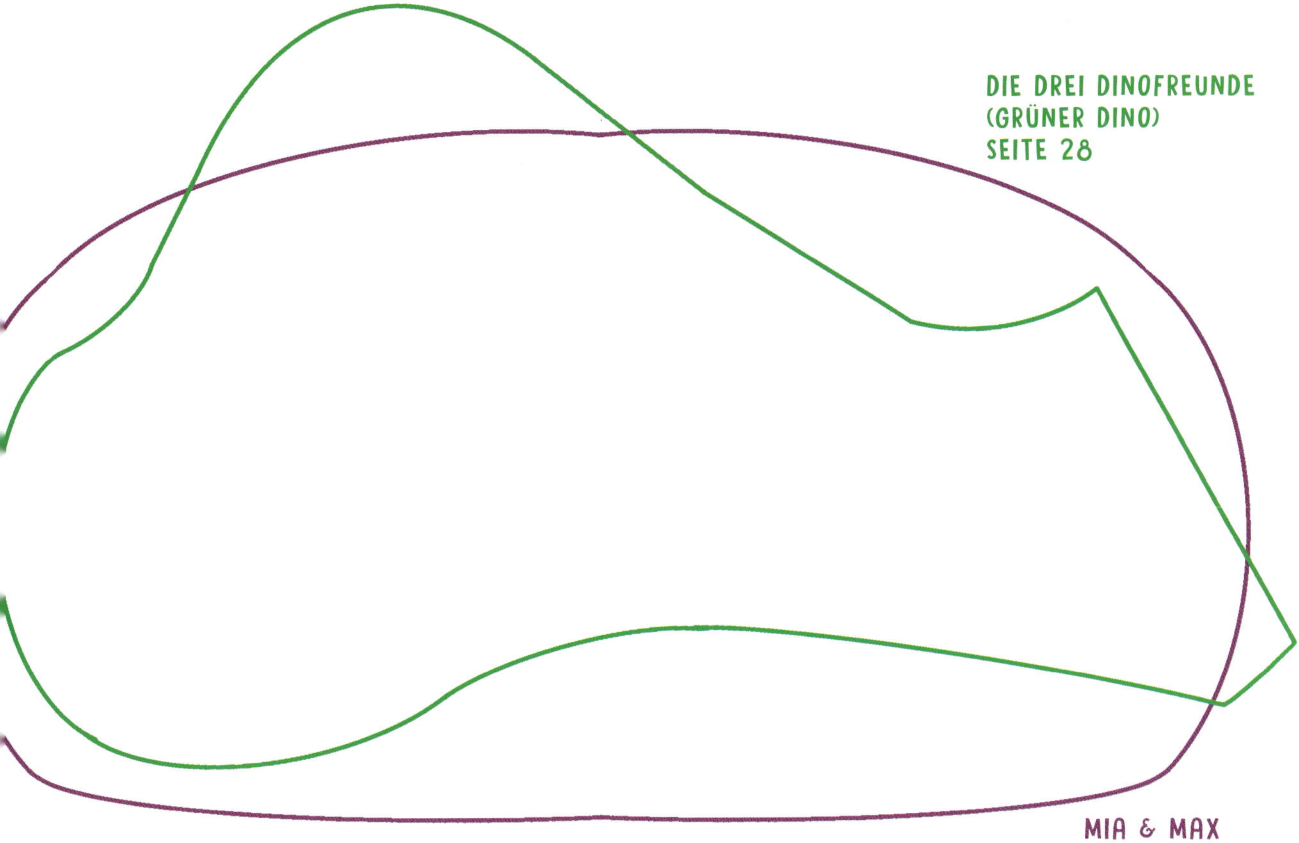

MIA & MAX
MONSTERSTARK
SEITE 44

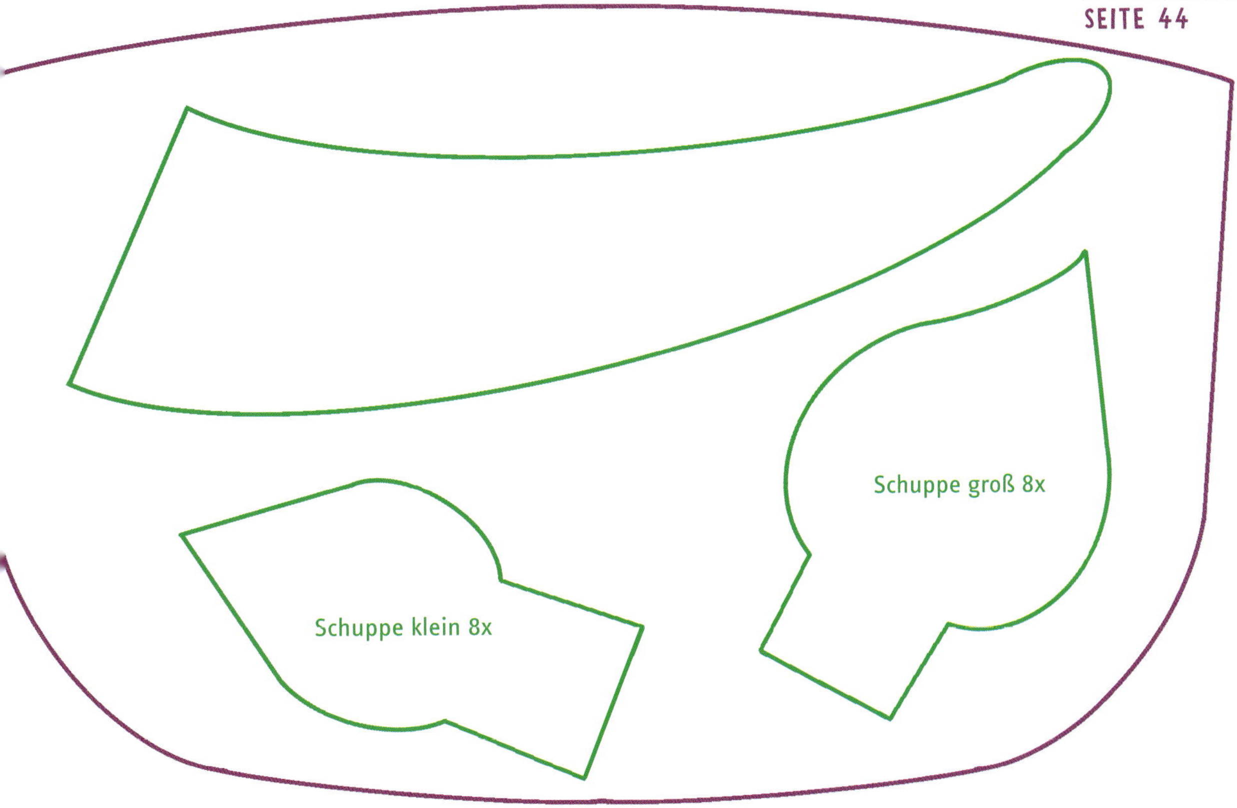

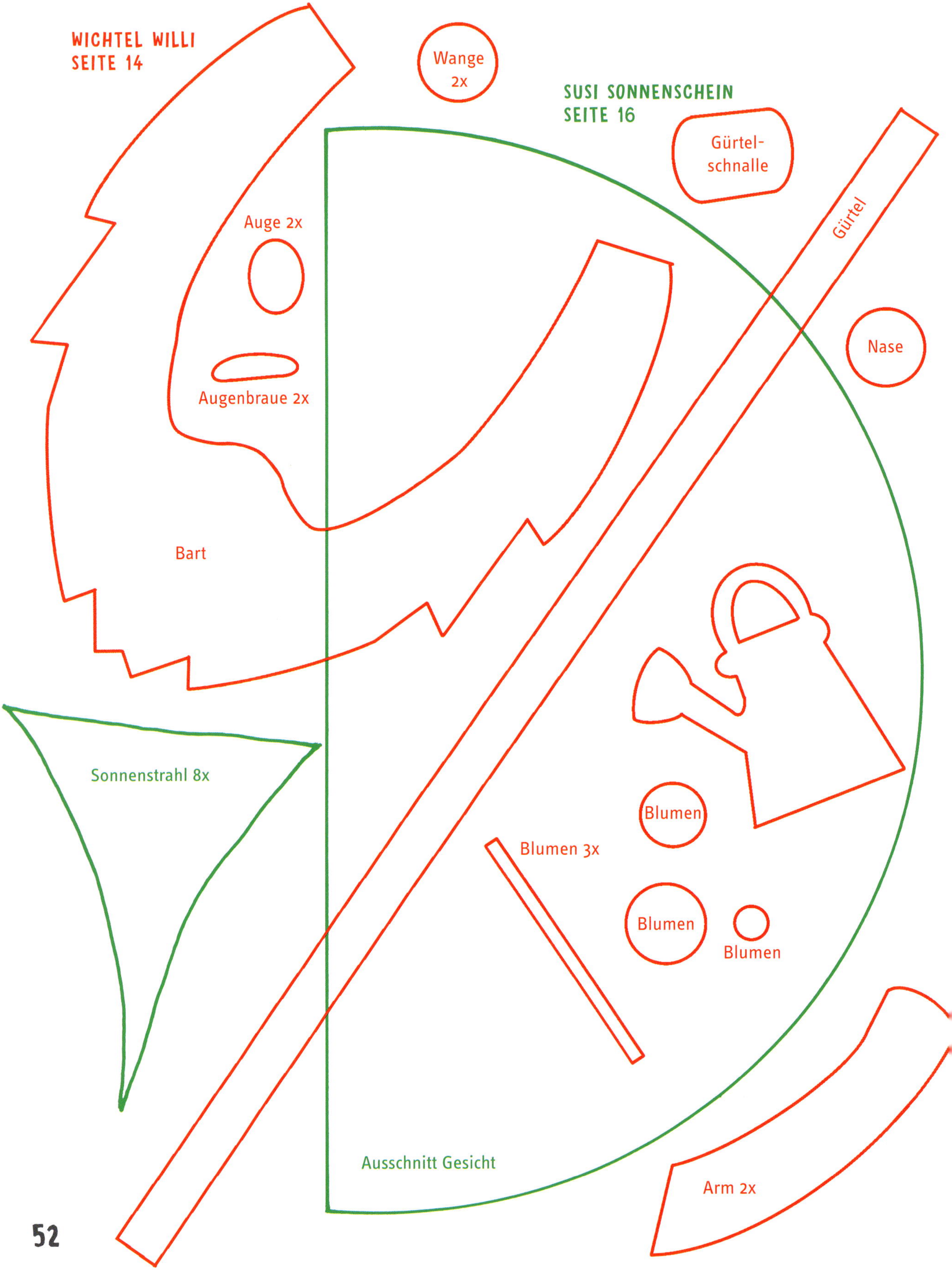
WICHTEL WILLI
SEITE 14
Wange 2x
SUSI SONNENSCHEIN
SEITE 16
Gürtel-schnalle
Gürtel
Auge 2x
Nase
Augenbraue 2x
Bart
Sonnenstrahl 8x
Blumen
Blumen 3x
Blumen
Blumen
Ausschnitt Gesicht
Arm 2x

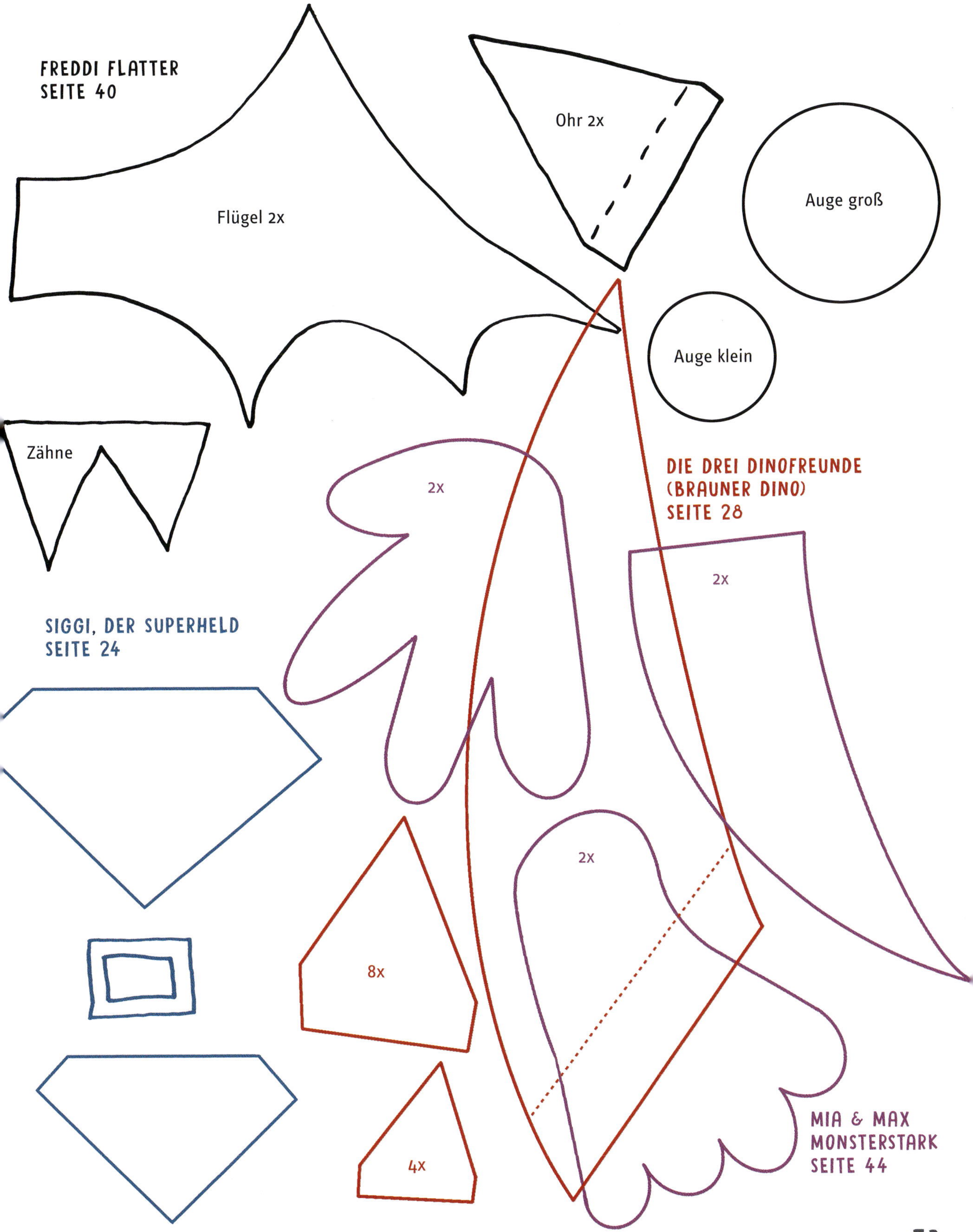
FREDDI FLATTER
SEITE 40
Flügel 2x
Ohr 2x
Auge groß
Auge klein
Zähne
SIGGI, DER SUPERHELD
SEITE 24
2x
DIE DREI DINOFREUNDE
(BRAUNER DINO)
SEITE 28
2x
2x
8x
4x
MIA & MAX
MONSTERSTARK
SEITE 44

MIA & MAX
MONSTERSTARK
SEITE 44
Auge groß
Pupille 2x
Auge klein
4x
SEEPFERDCHEN STELLA
SEITE 34

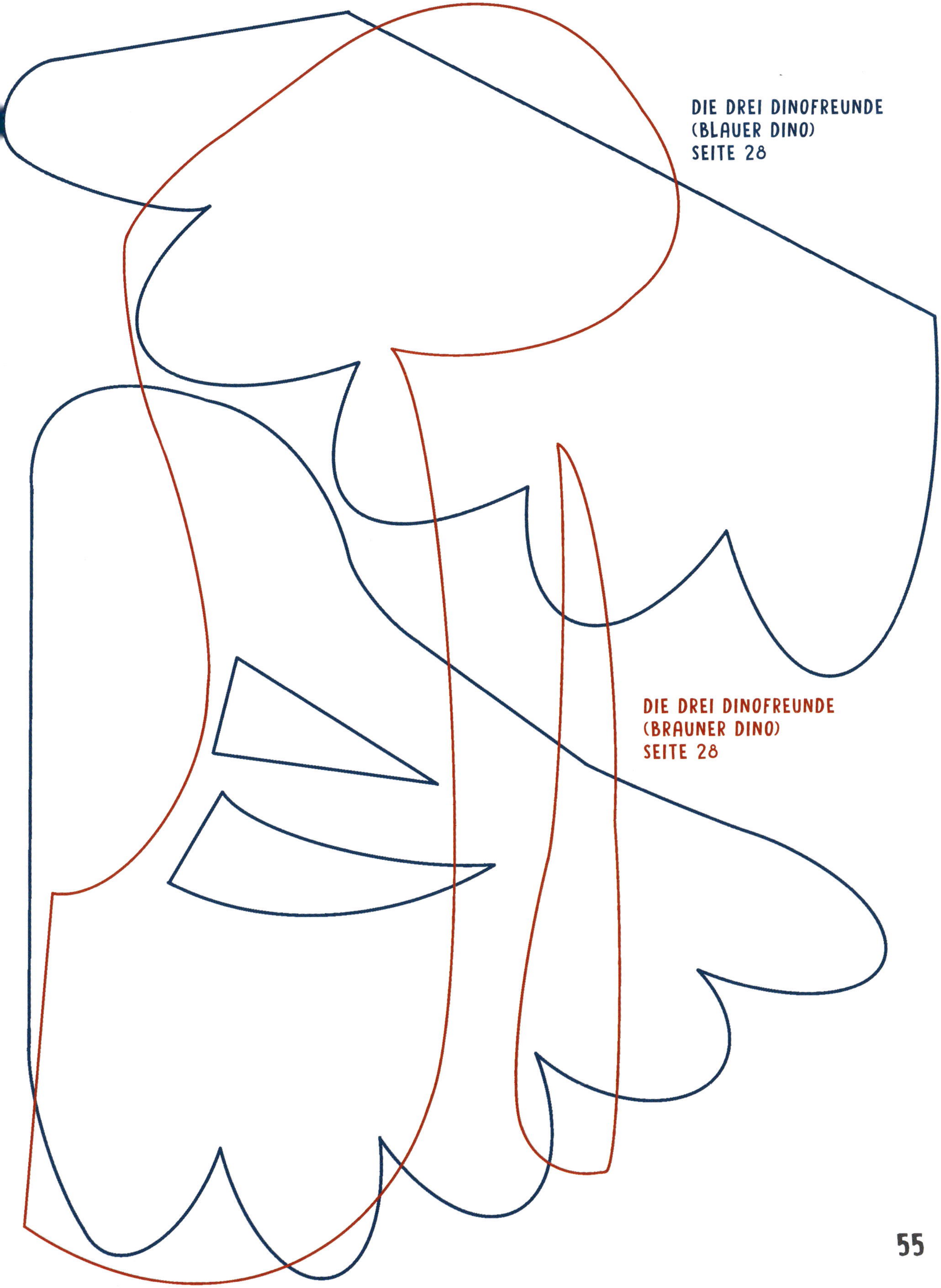

DIE DREI DINOFREUNDE
(BLAUER DINO)
SEITE 28

DIE DREI DINOFREUNDE
(BRAUNER DINO)
SEITE 28

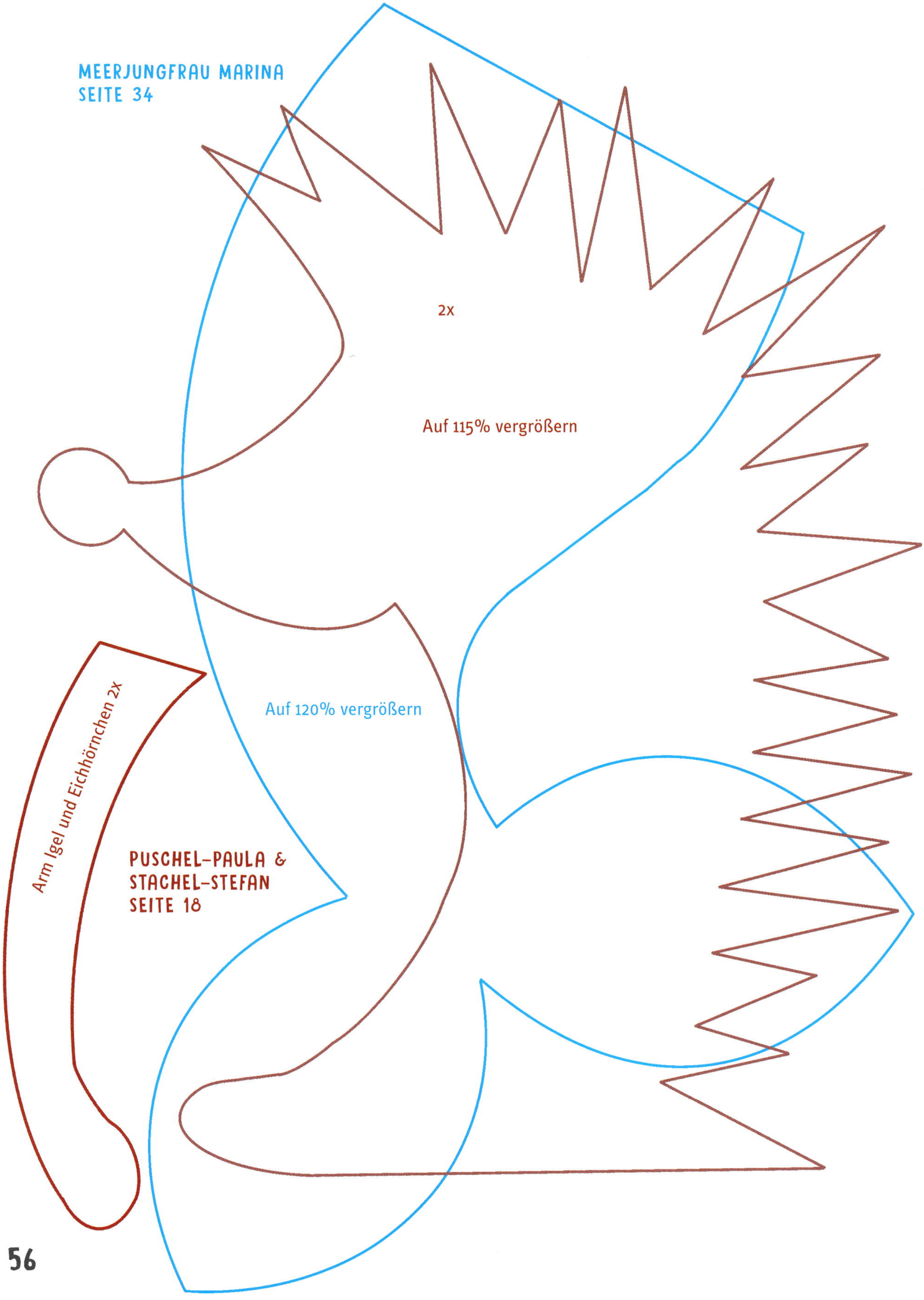
MEERJUNGFRAU MARINA
SEITE 34
2x
Auf 115% vergrößern
Auf 120% vergrößern
Arm Igel und Eichhörnchen 2x
PUSCHEL-PAULA &
STACHEL-STEFAN
SEITE 18

HOCH HINAUS!
SEITE 38

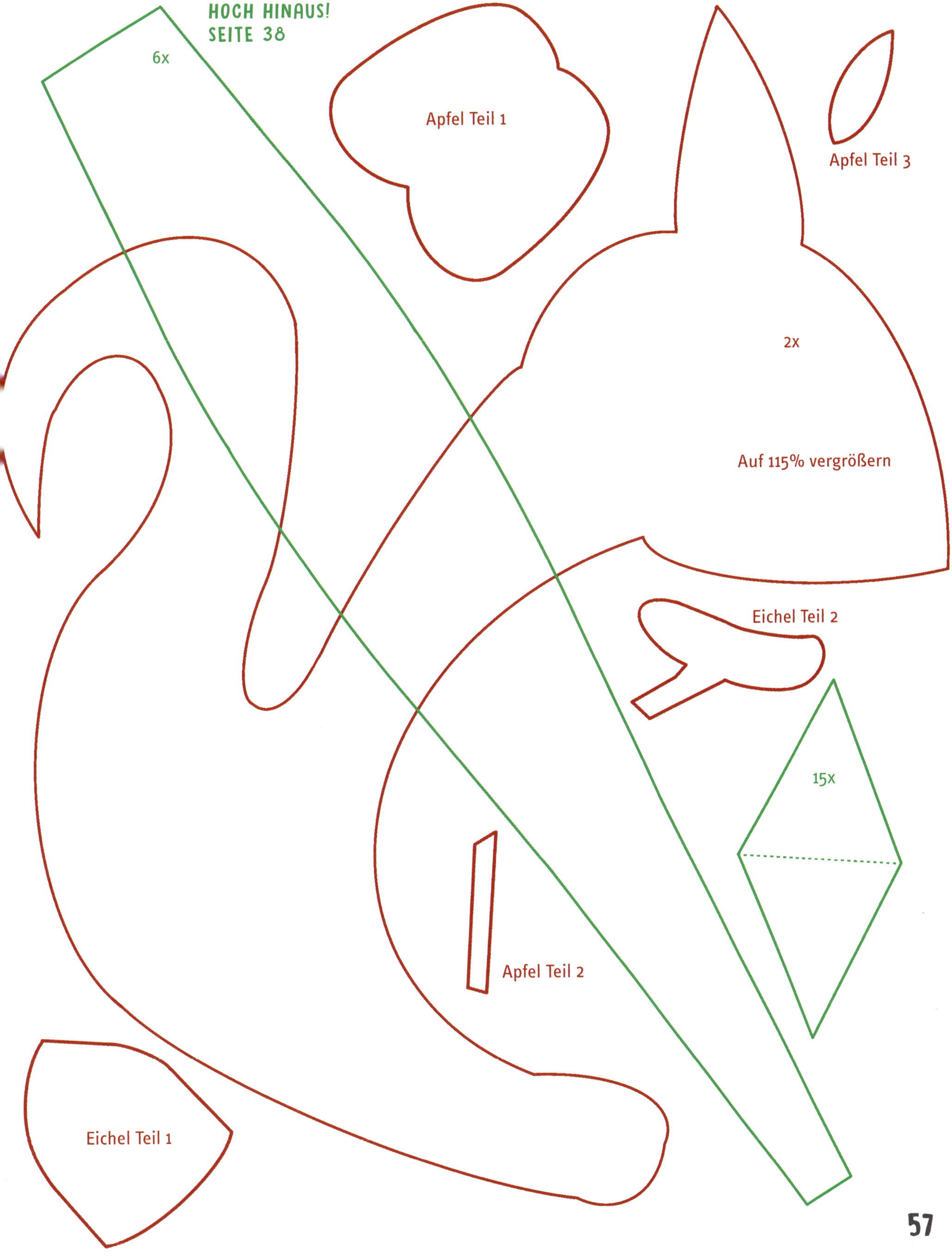

BRUNO BÄRENPIRAT & BERTA BÄRENMÄDCHEN
SEITE 10

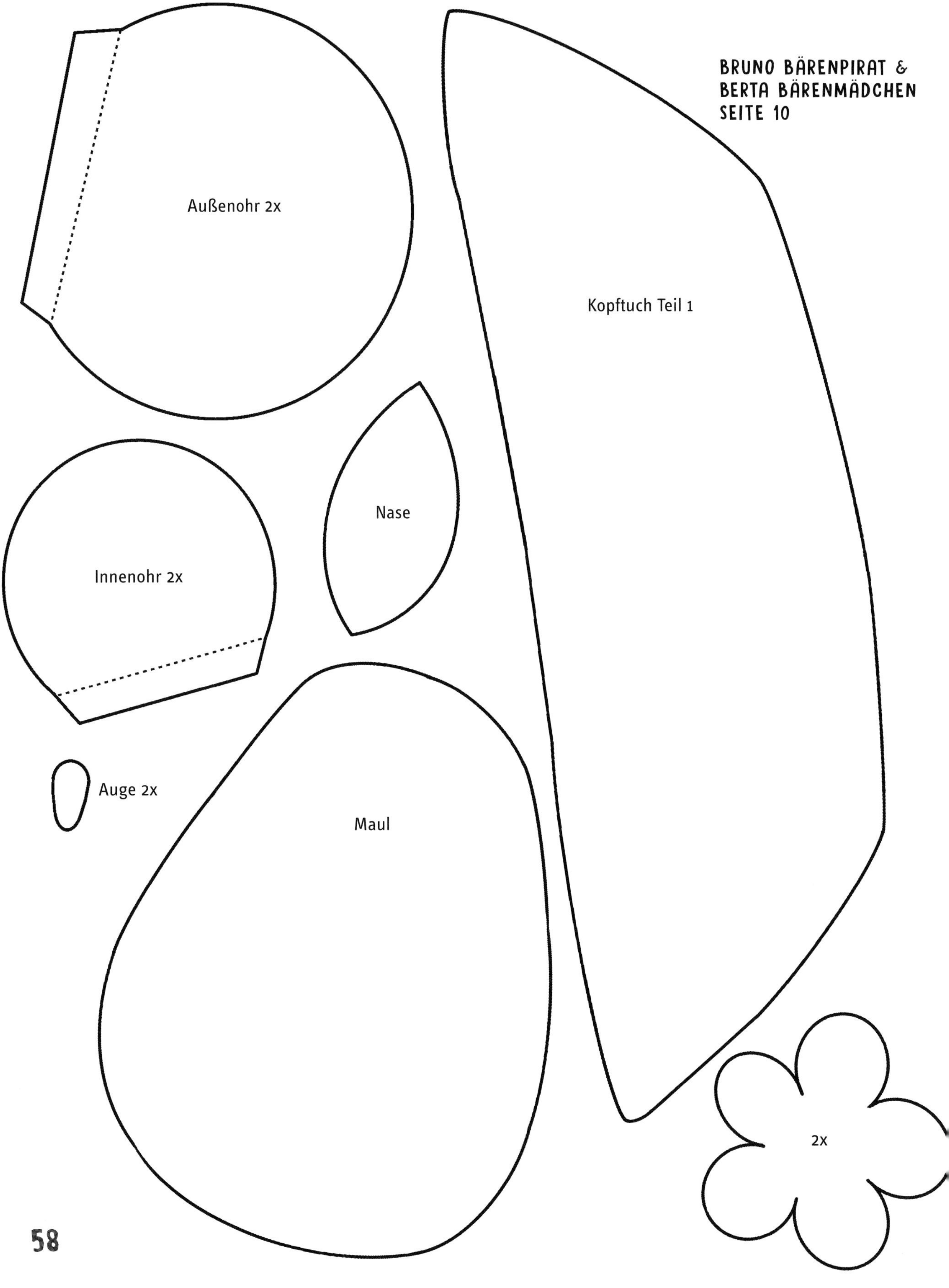

Kopftuch Teil 2 2x
Wange 2x
2x
3x
Blütenstempel 7x
PÜNKTCHEN PILZ
SEITE 14

Pia Deges hat Film- und Fernsehwissenschaften studiert und lange als TV-Redakteurin gearbeitet. Seit einigen Jahren lebt sie ihre Leidenschaft für Food-, DIY- und Gartenthemen als Autorin und Content Creator aus. Mehr über ihre Arbeit findet man auf: piadeges.de

Danke

Ein großes Dankeschön geht an die Firmen efco creative GmbH (Rohrbach), Rayher Hobby GmbH (Laupheim) und Rico Design GmbH & Co. KG (Brakel) für die freundliche Unterstützung mit Materialien.

FSC www.fsc.org
MIX
Papier | Fördert gute Waldnutzung
FSC® C107574

Penguin Random House Verlagsgruppe
FSC® N001967

SERVICE-HOTLINE
Hast du Fragen oder gibt es ein Problem? Wir helfen dir gern. Ruf uns an oder schreib uns eine E-Mail:

Telefon: 0711 / 123 757 20*
*normale Telefongebühren

E-Mail: hilfe@frechverlag.de

Weitere Informationen zum Verlag und zu unserem gesamten Programm findest du unter: www.topp-kreativ.de

IMPRESSUM

Der Freischaltcode für die Vorlagen lautet: 59612

FOTOS: frechverlag GmbH, 70839 Gerlingen; lichtpunkt, Michael Ruder, Stuttgart

SCHRITTFOTOS: Pia Deges

PRODUKTMANAGEMENT: Cora Friedrich und Julia Pietsch

COVERGESTALTUNG: Lena Schmitt und Sophia Höpfner

LAYOUT & HERSTELLUNG: Sophia Höpfner

SATZ: Ramona Gaar, Werbeagentur Rypka GmbH, www.rypka.at

DRUCK UND BINDUNG: BALTO print, Litauen

2. Auflage 2025

ISBN 978-3-7358-9189-1 • Best.-Nr. 29189

Empfehlungen für dich

ISBN 978-3-7358-9184-6

ISBN 978-3-7358-9186-0

ISBN 978-3-7724-4622-1

ISBN 978-3-7358-9171-6

ISBN 978-3-7358-9257-7

ISBN 978-3-7358-9025-2

ISBN 978-3-7358-9045-0

ISBN 978-3-7358-9125-9

GTIN 4007742185114

Viele weitere Kreativ-Bücher findest du auf www.TOPP-kreativ.de